R. Schmidl, Ch. Becker, V. Popovic

ERP-Systeme im Mittelstand

R. Schmidl, Ch. Becker, V. Popovic

ERP-Systeme im Mittelstand

GRIN Verlag

Bibliografische Information der Deutschen Nationalbibliothek: Die Deutsche Bibliothek
verzeichnet diese Publikation in der Deutschen Nationalbibliografie; detaillierte bibliografische Daten sind im Internet über http://dnb.d-nb.de/ abrufbar.

1. Auflage 2007
Copyright © 2007 GRIN Verlag
http://www.grin.com/
Druck und Bindung: Books on Demand GmbH, Norderstedt Germany
ISBN 978-3-640-17885-8

FOM Fachhochschule für Oekonomie & Management München
Berufsbegleitender Studiengang zum
Diplom-Wirtschaftsinformatiker (FH)
5. Semester

Fallstudie zum Thema

ERP-Systeme im Mittelstand

Autoren: Christian Becker
            Vlado Popovic
            Rainer Schmidl

München, den 23. Juni 2007

Inhaltsverzeichnis

Abkürzungsverzeichnis

4GL	fourth-generation programming language
API	Application Programming Interface
ASP	Application Service Providing
Aufl.	Auflage
bzw.	beziehungsweise
CRM	Customer Relationship Management
C/SIDE	Client/Server Integrated Development Environment
DB	Datenbank
d. h.	das heißt
ebd.	ebenda
ERP	Enterprise Resource Planning
E-procurement	Electronic Procurement
etc.	et cetera
ggf.	gegebenenfalls
GmbH	Gesellschaft mit beschränkter Haftung
http	Hypertext Transfer Protocol
IBM	International Business Machines
IPA	Institut für Produktionstechnik und Automatisierung
IT	Informationstechnologie
KMU	Kleine und mittelständische Unternehmen
Ltd.	Limited
o. J.	ohne Jahresangabe
o. O.	ohne Ortsangabe
o. S.	ohne Seitenangabe
o. V.	ohne Verfasser
PAC	Pierre Audoin Consultants
ROI	return on investment
SaaS	Software as a Service
SAP	Systeme, Anwendungen, Produkte in der Datenverarbeitung
SCM	Supply Chain Management
SME	Small and medium sized enterprises
TCO	total cost of ownership
u. a.	unter anderem
usw.	und so weiter

v. a.	vor allem
vgl.	vergleiche
www.	World Wide Web
z. B.	zum Beispiel

Abbildungsverzeichnis

Tabellenverzeichnis

1 Einleitung

Mittelständische Betriebe müssen durch den zunehmenden Wettbewerbsdruck, u. a. entstanden in Folge der Globalisierung, ihre Unternehmensabläufe, insbesondere IT-Prozesse, ständig auf Effektivität und Effizienz überprüfen und ggf. erneuern bzw. erweitern, um am Markt im In- und Ausland bestehen zu können. Damit mittelständische Unternehmen den steigenden Anforderungen des Marktes gerecht werden, greifen sie verstärkt auf leistungsfähige und moderne ERP-Systeme zurück, um dadurch die Gesamtbetriebskosten zu senken und die Produktivität zu steigern.[1]

Groß-Anbieter von ERP-Software haben diese Entwicklung erkannt und versuchen verstärkt in dieses Marktsegment einzusteigen, auch da der Markt für Großunternehmen bereits nahezu vollständig gesättigt ist.[2]

Diese Fallstudie zeigt Probleme auf, die beim Einstieg von ERP-Anbietern in den Mittelstand entstehen oder entstehen können und welchen Anforderungen ERP-Systeme in mittelständischen Unternehmen gerecht werden müssen, an Hand zwei unterschiedlicher ERP-Systeme erläutert.

Im ersten Teil dieser Arbeit werden die Begriffe ERP-Systeme und Mittelstand definiert.

Darauf aufbauend stellt der zweite Teil die individuellen Anforderungen von mittelständischen Unternehmen an ERP-Lösungen dar und zeigt dabei verschiedene Auswahlkriterien für ERP-Softwareanbieter und vorhandene Barrieren bei der Implementierung auf.

Der dritte Teil zeigt signifikante Aspekte des Mittelstandmarktes für ERP-Software in Deutschland auf und vergleicht zwei bekannte ERP-Systeme.

Abschließend wird diese Fallstudie zusammengefasst und ein Ausblick auf künftige Entwicklungen gegeben.

---

[1] Siegenthaler, M., Schmid, C. (2006), S. 4.
[2] Vgl. Kubsch, A. (2006), o. S., Stand 03.06.2007.

2 Enterprise Resource Planning (ERP) Systeme

Der Begriff ERP wurde im Jahre 1990 von der Gartner Group[3] entscheidend geprägt.[4] Seither hat sich noch keine einheitliche Definition in der Literatur durchgesetzt. „Enterprise Resource Planning (ERP) bezeichnet die unternehmerische Aufgabe, die in einem Unternehmen vorhandenen Ressourcen (wie z.B. Kapital, Betriebsmittel, Personal, ...) möglichst effizient für den betrieblichen Ablauf einzuplanen."[5] Zur Unterstützung dieser Geschäftsprozesse werden entsprechende Softwarelösungen (ERP-Systeme) eingesetzt.

Durch kontinuierliche Funktions- und Aufgabenerweiterungen der bis dato bestehenden Produktionsplanungssysteme (PPS) bzw. Manufacturing Resource Planningsystems (MRPII) entwickelten sich daraus die heutigen ERP-Systeme.[6]

Als ERP-System wird meist ein Softwarepaket bezeichnet, das Geschäftsprozesse und -regeln sowohl innerhalb als auch außerhalb eines Unternehmens abbildet und diese weitestgehend automatisiert. Das System stellt für einen Betrieb alle relevanten Daten zur Bewirtschaftung der Ressourcen, z. B. Material, Arbeitnehmer, Maschinen, Finanzen, Beschaffung, Zeit usw. bereit und ermöglicht damit schnellere sowie fundiertere operative und strategische Entscheidungen.[7] Moderne ERP-Systeme dienen nicht nur der Planung von Geschäftsabläufen wie bisherige Systeme, sondern übernehmen zusätzlich Kontroll- und Steuerungsaufgaben im Unternehmen. Derzeit sind ca. 300 verschiedene ERP-Produkte am Markt, die sich hauptsächlich nach Wirtschaftsbranchen und der angestrebten Unternehmensgröße unterscheiden.[8]

---

[3] Die Gartner Group ist ein amerikanisches Marktforschungsunternehmen.
[4] Vgl. Fuchs, C. (o. J.), S. 2, Stand 04.06.2007.
[5] Siegenthaler, M., Schmid, C. (2006), S. 77.
[6] Vgl. o. V., Reimus.net: (o. J.), o. S., Stand 03.06.2007.
[7] Vgl. Siegenthaler, M., Schmid, C. (2006), S. 7.
[8] Vgl. Fuchs, C. (o. J.), S. 3, Stand 04.06.2007.

3   Mittelstand

Für den Begriff Mittelstand[9] gibt es keine gesetzliche oder allgemein gültige Definition.[10] Häufig wird die Bezeichnung „KMU" (kleine und mittelständische Unternehmen) oder „SME" (small and medium sized enterprises) verwendet.[11] Zur näheren Abgrenzung können quantitative und qualitative Kriterien herangezogen werden, die im Folgenden erläutert werden.

3.1   Quantitative Kriterien

Die quantitativen Kriterien werden an Hand der drei gängigsten Definitionen, der Europäischen Union, des Instituts für Mittelstandsforschung Bonn und des Handelsgesetzbuches, dargestellt. Dabei werden die drei Größenindikatoren, Beschäftigte, Jahresumsatz und Bilanzsumme, herangezogen.

Diese sind insbesondere wichtig für die Programmgestaltung bzw. den Zugang zu Programmen der Mittelstandsförderung auf EU-, Bundes- und Landesebene.

3.1.1   Definition nach der Europäischen Union (EU-Kommission)

Maßgeblich für die Mitgliedsstaaten, die Europäische Investitionsbank und den Europäischen Investitionsfonds für die Einstufung eines Betriebes als Kleinst- bzw. kleines oder mittleres Unternehmen ist die neue Empfehlung der Europäischen Kommission vom 06. Mai 2003 zur Definition der genannten Gruppen. Seit dem 1. Januar 2005 kommt diese neue KMU-Definition im Europäischen Wirtschaftsraum zur Anwendung und ersetzt die bis dahin im Gemeinschaftsrecht geltende Regelung aus dem Jahr 1996.[12]

Nach dieser Empfehlung zur Definition bildet der Mittelstand den Kernbereich der europäischen sowie der deutschen Wirtschaft und Gesellschaft.

---

[9] Um die Thematik einzugrenzen, wird in dieser Fallstudie der deutsche Mittelstand betrachtet.
[10] Vgl. Schauf, M. (2006), S. 12.
[11] Vgl. o. V. Handelskammer Bremen (o. J.), o. S., Stand 03.06.2007.
[12] Vgl. o. V. IFM-Bonn (2007), o. S., Stand 04.06.2007.

Zur Einstufung als mittelständisches Unternehmen verwendet die EU-Kommission die in folgender Tabelle dargestellten Schwellenwerte

	Beschäftigte	Jahresumsatz	Bilanzsumme
Mittlere Unternehmen	50 - 249	bis 50 Mio. € (1996: 40 Mio. €)	bis 43 Mio. € (1996: 27 Mio. €)
Kleine Unternehmen	10 - 49	bis 10 Mio. € (1996: 7 Mio. €)	bis 10 Mio. € (1996: 5 Mio. €)
Kleinstunternehmen	0 - 9	bis 2 Mio. € (1996 nicht definiert)	bis 2 Mio. € (1996 nicht definiert)
KMU zusammen	**< 250**	**bis 50 Mio. €** **(1996: 40 Mio. €)**	**bis 43 Mio. €** **(1996: 27 Mio. €)**

Und das Unternehmen darf nicht zu 25 % oder mehr im Besitz eines oder mehrerer Unternehmen stehen, das nicht die EU-Definition erfüllt.

Quelle: In Anlehnung an Schauf (2006), S. 13

Tabelle 1: KMU-Schwellenwerte der EU seit 01.01.2005

Aus der Grafik ist ersichtlich, dass die drei Unternehmensklassen (Kleinst-, Klein- und Mittelunternehmen) wie bisher durch die Kategorien Beschäftigte, Jahresumsatz und Bilanzsumme definiert werden. Die Werte der bisherigen Definition von 1996 sind in Klammern gesetzt.

Die Europäische Union rechnet ab 2005 Unternehmen zum Mittelstand, die weniger als 250 Mitarbeiter beschäftigen und einen Jahresumsatz bis 50 Mio. € oder eine Bilanzsumme bis 43 Mio. € vorweisen können. Die Einstufung in eine der drei Kategorien erfolgt sobald der Größenindikator „Beschäftigte" und einer der beiden Kriterien „Jahresumsatz" bzw. „ Bilanzsumme" erfüllt sind.[13]

Mittelgroße Betriebe mit 250 bis 500 Beschäftigte werden dabei nicht berücksichtigt, Ein-Personen-Unternehmen bilden eine eigene Kategorie.

Im Vergleich zur bis 2004 gültigen Definition bleibt das Hauptkriterium, die Mitarbeiterzahl, als Schwellenwert unverändert. Der Umsatz und die Bilanzsumme

---

[13] Vgl. Pfohl, H.-C. (2006), Seite 15 ff.

wurden als finanzielle Schwellenwerte angehoben, indem die Preis- und Produktivitätszuwächse seit dem Jahr 1996 berücksichtigt wurden.[14]

Es gelten mit dieser neuen Empfehlung geänderte Kriterien für die Kapitalbeteiligung und Verflechtung mit anderen Unternehmen, wodurch verhindert werden soll, dass allgemeine Beihilfe- und Fördergrundsätze umgangen werden. Dies bedeutet, dass ein Unternehmen in der Regel nicht mehr als 25 % des Kapitals oder der Stimmanteile im Besitz eines oder mehrerer anderer Unternehmen sein darf, die die KMU-Kriterien nach der Europäischen Union nicht erfüllen, d.h. es muss unabhängig sein.[15]

3.1.2 Definition nach dem Institut für Mittelstandsforschung (IFM) Bonn

Im Vergleich zur Definition der Europäischen Union unterscheidet das Institut für Mittelstandsforschung Bonn nur zwei Unternehmensgruppen (Klein- und Mittelunternehmen) an Hand zweier Größenindikatoren, wie in nachfolgender Tabelle dargestellt. Die Jahresbilanzsumme wird hierbei nicht berücksichtigt.

	Beschäftigte	Jahresumsatz
Kleinunternehmen	1 – 9	< 1 Mio. €
Mittelunternehmen	10 – 499	1 ≤ 50 Mio. €
KMU zusammen	< 500	Bis 50 Mio. €

Quelle: IFM Bonn (2006)

Tabelle 2: KMU-Schwellenwerte des IFM Bonn

Zum Mittelstand zählen nach dieser Auslegung Unternehmen, die weniger als 500 Arbeitnehmer beschäftigen und deren Jahresumsatz unter 50 Millionen Euro liegt.[16]

Demnach gehören mehr als 99 % aller deutschen Unternehmen der Gruppe der kleinen und mittelständischen Unternehmen an.[17]

---

[14] Vgl. o. V. IFM-Bonn (2007), o. S., Stand 04.06.2007.
[15] Vgl. Stadt Paderborn (o. J.), S. 1, Stand 07.06.2007.
[16] Vgl. Schauf, M. (2006), S. 12 ff.
[17] Vgl. Icks, A. (2006), S. 5, Stand 08.06.2007.

3.1.3 Definition nach dem Handelsgesetzbuch § 267 (1),(2)

Die Definition „Mittelstand" nach dem Handelsgesetzbuch besitzt nur für Kapitalgesellschaften Gültigkeit. Sie ist lediglich für die Erstellung und Veröffentlichung des Jahresabschlusses wichtig.[18] Durch das Bilanzrechtsreformgesetz vom 09. Dezember 2004 wurden auch hier die Schwellenwerte zur Einstufung in kleine und mittelgroße Kapitalgesellschaften des § 267 HGB um circa 17 % erhöht.

Sie gestalten sich nun wie folgt:

	Bilanzsumme	Jahresumsatz	Arbeitnehmer
Kleine Kapitalgesellschaften	≤ 4,015 Mio. €	≤ 8,03 Mio. €	≤ 50
Mittelgroße Kapitalgesellschaften	≤ 16,06 Mio. €	≤ 32,12 Mio. €	≤ 250
KMU zusammen	**≤ 16,06 Mio. €**	**≤ 32,12 Mio. €**	**≤ 250**

Quelle: In Anlehnung an Handelsgesetzbuch, § 267 (1),(2)

Tabelle 3: KMU-Schwellenwerte des HGB

Gemäß dieser Schwellenwerte handelt es sich um einen mittelständischen Betrieb, wenn die Bilanzsumme höchstens 16,06 Mio. € oder der Jahresumsatz maximal 32,12 Mio. € beträgt und 250 oder weniger Arbeitnehmer beschäftigt werden.

Für die Einstufung einer Kapitalgesellschaft als klein oder mittelgroß dürfen jeweils zwei der drei dargestellten Merkmale nicht über- bzw. unterschritten werden.

3.2 Qualitative Kriterien

Die dargestellten quantitativen Kriterien sind für die Begriffsabgrenzung des Mittelstandes wichtig, jedoch sind die qualitativen Merkmale, die in der weiteren Arbeit näher beschrieben werden, in der wirtschaftlichen Realität von größerer Bedeutung.

---

[18] Vgl. Pfohl, H.-C. (2006), S. 15.

3.2.1 Unternehmensführung

Die Leitung eines mittelständischen Betriebes wird meist durch eine natürliche Person wahrgenommen, die kontrollierend und planend auf alle unternehmerischen Entscheidungen Einfluss nimmt.[19] Der Verantwortliche ist dadurch „so eng mit dem Unternehmen verbunden ..., dass von einer Identität zwischen Unternehmen und Unternehmer gesprochen werden muss."[20] Dies hat eine Aufgaben- und Wissenskonzentration in einer einzelnen Person zur Folge, welche somit kaum oder nur sehr schwer zu ersetzen ist. Meist existiert dadurch ein sehr breites Wissen, jedoch fehlen der Unternehmensführung Spezialkenntnisse.[21]

Hinzu kommt die Einheit von Eigentum, Haftung und Risiko. Dies resultiert daraus, dass zwischen der wirtschaftlichen Existenz des Betriebes und der wirtschaftlichen Existenz des Eigentümers inklusive seiner Familie in der Regel ein zwingender Zusammenhang besteht.[22]

3.2.2 Organisationsstrukturen

Klein- und Mittelunternehmen sind gekennzeichnet durch eine klare und flache Organisationsstruktur. Ein einheitlicher betrieblicher Aufbau ist nicht vorhanden, viel mehr handelt es sich um Kombinationen häufig anzutreffender Strukturmerkmale.[23] Die mittelständischen Betriebe weisen nur wenige Hierarchieebenen auf (Bereichs-, Abteilungs-, Gruppen- und Sachbearbeiterebene) und ermöglichen so kurze Informations- und Entscheidungswege.[24] Unternehmensabläufe werden für die Mitarbeiter transparenter und auf Veränderungen kann dadurch rascher und flexibler reagiert werden, als es in großen, breit aufgestellten Konzernen möglich ist.[25]

Die Unternehmens- und Geschäftsleitung bzw. andere Führungskräfte sind meist für Personalentscheidungen, wie z. B. Gehaltsfindung, Personalfrei- und Stellenbesetzung zuständig, da eine Personalabteilung fehlt. Oft gibt es nur ein

---

[19] Vgl. Icks, A. (2006), S. 2, Stand 08.06.2007.
[20] Schauf, M. (2006), S. 13.
[21] Vgl. Pfohl, H.-C. (2006), S. 18.
[22] Vgl. Schauf, M. (2006), S. 13 ff.
[23] Vgl. ebd., S. 223.
[24] Vgl. o. V., The Boston Consulting Group (o. J.), S. 100, Stand 14.06.2007.
[25] Vgl. Pfohl, H.-C. (2006) S. 19.

Lohn- bzw. Personalbüro. Personalwirtschaftliche Regelwerke wie Stellenbeschreibungen oder allgemeine Führungsgrundsätze fehlen durchwegs.

3.2.3 Kundenorientierung

In SME sind angebotene Produkte und Dienstleistungen im Hinblick auf Menge und Sortimentsbreite oft nur begrenzt verfügbar, da sie sich meist auf einen bestimmten Kundenkreis spezialisieren[26] und individualisierte Leistungen anbieten, die verglichen mit der Massenware von Großunternehmen, teurer ist. Eine Risikostreuung ist somit nahezu nicht gegeben.[27]

Um die individuellen und spezialisierten Produkte trotzdem dauerhaft im in- und ausländischen Markt vertreiben zu können, wird auf die Kundenorientierung ein besonders großer Wert gelegt. Kundenkontakte erhalten und ausbauen, sowie kompetent und hilfsbereit auf den Kunden wirken, durch Weitergabe von verständlichen Informationen in der Beratung, ist bei mittelständischen Unternehmen sehr wichtig. Die in der Regel großen Markt- und Produktkenntnisse der jeweiligen Verantwortlichen unterstreichen dies.[28]

3.2.4 Finanzierungsproblematik

Der deutsche Mittelstand weist eine sehr geringe Eigenkapitalquote im Vergleich zu kapitalmarktorientierten Großunternehmen auf.[29] Die Quote liegt momentan bei kleineren Unternehmen bei unter 3 %, bei mittleren beträgt sie circa 7 % der Bilanzsumme.[30] Investitionskraft und Liquidität sind dadurch erheblich geschwächt und Unternehmen müssen ihren Finanzbedarf über den Fremdkapitalmarkt decken.

Da Klein– und mittelständische Betriebe eine ausgeprägte Identität haben, unterstellen sie wichtige, unternehmensrelevante Entscheidungen dem Ziel der Autonomie. Dritten, z.B. fremden Kapital- und Kreditgebern, soll kein Einfluss auf die Firma gewährt werden, um bestehende Einkommens-, Vermögens- und Geschäftsführungsinteressen zu wahren.[31] Es wird daher versucht den

---

[26] Vgl. o. V., Willey-VCH Verlag GmbH & Co. KGaA (o. J.), S. 2, Stand 07.06.2007.
[27] Vgl. Pfohl, H.-C. (2006), S. 234 ff.
[28] Vgl. ebd., S. 20.
[29] Vgl. Kollbeck, C., Wimmer, R. (2002), S. 12.
[30] Vgl. o. V., HDI-Service AG (o. J.), o. S., Stand 04.06.2007.
[31] Vgl. o. V., Willey-VCH Verlag GmbH & Co. KGaA (o. J.), S. 10, Stand 07.06.2007.

Finanzbedarf traditionell über (Haus-)Bankkredite zu decken. Ein günstiger Nebeneffekt ist zudem die Möglichkeit dies steuerlich geltend zu machen.[32]

Der organisierte Kapitalmarkt bleibt ihnen zumeist verschlossen, da Kapitalgeber die Risikolastigkeit, Kostenstrukturen, Ertragslage und Sicherheiten von Klein- und mittelständischen Unternehmen eingehend prüfen und Kredite auf Grund dessen oftmals nicht gewähren.[33]

Mit Basel II[34] wird die Kreditvergabe an KMU weiter erschwert, da nun über Ratings die kompletten Strukturen des kreditbeantragenden Betriebes, mit Hilfe der so genannten Bonitätsprüfung, analysiert werden. Hierbei wird insbesondere das Management untersucht, da dies aus Sicht der Kreditgeber den entscheidenden Faktor für ein erfolgreiches Unternehmen darstellt.

Zunehmend werden dadurch alternative Finanzierungsformen, beispielsweise Mezzanin Finanzierungen[35] und Asset-Backet-Securities[36], immer interessanter.

3.2.5 Personalknappheit und -Kompetenz

Personal ist der entscheidende Erfolgsfaktor für ein Unternehmen.

In mittelständischen Betrieben ist die Personaldecke überwiegend sehr dünn, eine Person muss dem zu Folge meist mehrere Aufgabenbereiche gleichzeitig betreuen.[37] Eine Spezialisierung auf ein Hauptgebiet ist nicht möglich, es entsteht viel mehr ein breites Fachwissen. Dies ist auch ein Grund dafür, dass an- und ungelernte Arbeitskräfte nur einen geringen Teil des Personals bilden.

Die Arbeitsintensität ist sehr hoch, dennoch sind die Beschäftigten auf Grund ihrer flexibleren Arbeitszeitgestaltung, der familiären Atmosphäre und des positiven Betriebsklimas meist zufriedener als das Personal in vergleichbaren großen Unternehmen.[38]

---

[32] Vgl. Pfohl, H.-C. (2006), S. 298.
[33] Vgl. Kollbeck, C., Wimmer, R. (2002), S. 13.
[34] Richtlinie des Baseler Ausschusses für Bankenaufsicht über regulatorische Eigenkapitalstandards, gültig seit 01. Januar 2007 gemäß EU-Richtlinie 2006/49/EG.
[35] Hybride Finanzierungsform, bilanziell zwischen Eigen- und Fremdkapital eingeordnet.
[36] Unternehmensfinanzierung in Form eines Forderungsverkaufs an Finanzierungsgesellschaften.
[37] Vgl. o. V., Market Research & Services GmbH (o. J.), S. 1, Stand 08.06.2007.
[38] Vgl. Schauf, M. (2006), S. 228 ff.

Die Rekrutierung von Personal stellt sich durch den geringen öffentlichen Bekanntheitsgrad vielfach als schwierig dar. Ein weiterer Nachteil ist die regionale Gebundenheit des Unternehmens, dadurch beschränkt sich der Bewerberkreis zumeist auf die Region. Mit Initiativbewerbungen ist erfahrungsgemäß ebenfalls nicht zu rechnen. Eine Übernahme der Auszubildenden in ein festes Arbeitsverhältnis ist die praktikabelste Lösung, qualifiziertes Personal mit breitem unternehmensbezogenem Fachwissen zu gewinnen.[39]

Die technische Qualifizierung von neu gewonnenem und bestehendem Personal ist ein wichtiges Kriterium für den Erfolg des Unternehmens. Fortbildungsmaßnahmen und Seminare werden jedoch in der Regel nur sehr selten angeboten, meist findet ein Wissenstransfer über neue Mitarbeiter statt. Das notwendige technische Know-How eignen sich die Beschäftigten und Führungskräfte selbstständig an, mit dem Grundsatz „Learning by doing".[40]

3.2.6 Informations- und Kommunikationstechnologie

Auf Grund der geringen Personaldecke in KMU ist eine IT-Abteilung größtenteils nicht vorhanden bzw. notorisch unterbesetzt. Viel mehr wird die Hard- und Softwarewartung durch eine oder mehrere Personen zusätzlich neben anderen Aufgabengebieten wahrgenommen.[41] Dadurch ist die Informations- und Kommunikationstechnik oftmals veraltet bzw. wird stark vernachlässigt. Eine gründliche Einarbeitung in dieses Aufgabengebiet ist wegen der Vielfältigkeit der Systeme und angebotenen Produkte sowie der fast täglichen Neuerungen sehr zeitintensiv und kann von Mitarbeitern in mittelständischen Betrieben in der Regel nicht geleistet werden.

Eine Möglichkeit dieser Entwicklung entgegenzuwirken ist die Vergabe von Hard- und Softwarewartung an externe Anbieter. Dabei fehlen oft die finanziellen Mittel und die Einsicht der Geschäftsführung für die Notwendigkeit von IT-Technologien.

Der Einsatz moderner und funktionsfähiger Informations- und Kommunikationstechnologie in Unternehmen ist wichtig, um die wirtschaftlichen Kennzahlen des Unternehmens frühzeitig zu erkennen, entsprechend zeitnah darauf reagieren zu können und negativen Trends entgegenzuwirken.

---

[39] Vgl. Pfohl, H.-C. (2006), S. 245 ff.
[40] Vgl. ebd., S. 251 ff.
[41] Vgl. o. V., IDG Business Media GmbH (2001), o. S., Stand 14.06.2007.

3.3 Betriebsgrößenproblematik „Mittelstand"

Der Mittelstand setzt sich aus verschiedenartigsten Unternehmen zusammen, deren Spektrum vom kleinen Ein-Mann-Betrieb bis zu Großunternehmen reicht. In diesem sind sämtliche Berufsgruppen vom Anlagenbauer bis hin zum Zahntechniker vertreten.

Da sich bisher in der Literatur keine einheitliche Definition durchsetzen konnte, werden zur Abgrenzung des Begriffes quantitative und qualitative Kriterien herangezogen. Für das Verständnis des Mittelstandes sind quantitative Berechnungsmethoden hilfreich, hierzu gibt es von verschiedensten Instituten unterschiedliche Definitionen zur Einstufung in die jeweilige Unternehmensgröße. Weil dieses Marktsegment jedoch nicht nur über Zahlen definiert wird, ist eine zusätzliche Einordnung mit qualitativen Gesichtspunkten empfehlenswert.[42]

Dies kann dazu führen, dass gelegentlich Betriebe, die nach rein quantitativen Aspekten nicht mehr dem Mittelstand sondern den Großkonzernen zugeordnet werden, durch Heranziehen der qualitativen Merkmale, also dem Wesen und Verhalten nach, eigentlich noch mittelständisch sein müssten.

Nachdem qualitative Eigenschaften eines Unternehmens nur schwer messbar und dem zu Folge einstufbar sind, haben sich im Laufe der Zeit, als Gewohnheit, zur Abgrenzung des Begriffes die rein quantitativen Definitionen durchsetzen können, die anfänglich nur Hilfskriterien darstellten.[43]

3.4 Volkswirtschaftliche Bedeutung des Mittelstandes

An Hand verschiedener Schlüsselzahlen des IFM Bonn, die in der folgenden Abbildung dargestellt werden, soll die volkswirtschaftliche Bedeutung des Mittelstandes veranschaulicht werden.

---

[42] Vgl. Schauf, M. (2006), S. 13.
[43] Vgl. ebd., S. 15.

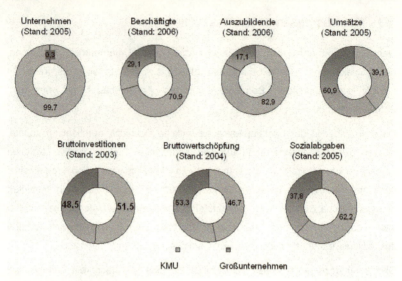

Quelle: In Anlehnung an IFM Bonn (2006)

Abbildung 1: Schlüsselzahlen des Mittelstandes

Diese Grafik verdeutlicht, dass 99,7 % aller Unternehmen diesem Marktsegment zugeordnet werden und in diesen 70,9 % aller Erwerbstätigen beschäftigt sind. 82,9 % aller Auszubildenden absolvieren ihre Lehre in einem mittelständischen Betrieb. Insgesamt werden dort 39,1 % aller steuerpflichtigen Umsätze erwirtschaftet, 51,5 % der Bruttoinvestitionen getätigt und 46,7 % der Bruttowertschöpfung erreicht.

In den letzten Jahrzehnten hält ein stetiger Beschäftigungszuwachs in mittelständischen Betrieben an, der den Entlassungen in Großunternehmen entgegensteht.[44] Die volkswirtschaftlich große Bedeutung des Mittelstandes nimmt weiterhin zu.[45]

Wird die Finanzierung des öffentlichen Sozialsystems betrachtet, hier trägt der Mittelstand 62,2 % aller Sozialabgaben, wäre dieses in bestehender ausgeprägter Form in Deutschland nicht möglich.[46] Eine Marktwirtschaft ist ohne KMU nicht denkbar, da dessen Strukturen den Wettbewerb erst ermöglichen.[47] Stände der

---

[44] Vgl. Pfohl, H.-C. (2006), S. 27.

[45] Vgl. o. V., Zentrum für Europäische Wirtschaftsforschung GmbH (2007), S. 10 ff, Stand 10.06.2007.

[46] Vgl. Pfohl, H.-C. (2006), S. 38.

[47] Vgl. ebd., S. 33.

größte Teil unseres Bruttosozialproduktes in Konzernmächten bzw. Staatsmächten, würde dies den Wettbewerb stark vermindern und die Effizienz der Wirtschaft reduzieren.[48] Dem Mittelstand kommt eine tragende Rolle in einer funktionierenden Marktwirtschaft zu, er ist das Rückgrat der Volkswirtschaft.[49]

---

[48] Vgl. Pfohl, H.-C. (2006), S. 34.
[49] Vgl. o. V., Willey-VCH Verlag GmbH & Co. KGaA (o. J.), S. 3, Stand 07.06.2007.

4   Anforderungen an ERP-Systeme im Mittelstand

Bei klein- und mittelständischen Betrieben ergeben sich spezielle Anforderungen an ein ERP-System. Mehr als bei Großkonzernen stellen hier die Kosten eines ERP-Systems ein wichtiges Kriterium dar, da wenig Kapital zur Verfügung steht, um eine Standardsoftware einzuführen. Aus diesem Grund ist von Bedeutung, dass die Implementierung schnell durchzuführen ist und ohne große Verzögerungen mit dem Tagesgeschäft fortgefahren werden kann.

Mittelständische Unternehmen sind in der Regel nur innerhalb einer Branche tätig. Diese branchenspezifischen Anforderungen müssen durch das ERP-System abgedeckt werden. Somit kommt einer schnellen Anpassung der Software eine besondere Bedeutung zu. Die eingesetzten Lösungen sollten Flexibilität, Anpassungsfähigkeit und Erweiterungsmöglichkeiten aufweisen, um einerseits eine schelle Reaktion auf Kundenwünsche zu ermöglichen und andererseits mit dem Unternehmen wachsen zu können.

Eine ERP-Studie, welche sich auf den Einsatz von ERP-Systemen und die Zufriedenheit mit der jeweils eingesetzten Lösung bezieht, zeigt, dass Preis-Leistungs-Verhältnis, Einführungsdauer und Anpassungsfähigkeit an unternehmensspezifische Belange wichtige Kriterien sind. In dieser Studie werden weitere Eigenschaften wie beispielsweise Benutzerfreundlichkeit und einfache Erlernbarkeit des Systems beurteilt.[50]

Von den verschiedenen Kriterien lassen sich Anforderungen an ERP-Systeme im Mittelstand, wie z.B. Flexibilität, Anpassungsfähigkeit und Erweiterbarkeit, sowie Ergonomie und Kosten-Nutzen-Verhältnis ableiten, worauf in den folgenden Kaptiteln noch näher eingegangen wird.

IT-Dienstleistungsunternehmen spielen ebenfalls eine bedeutende Rolle. Denn mittelständische Unternehmen haben sehr kleine IT-Abteilungen und sind somit verstärkt auf spezielle, auf den Mittelstand zugeschnittene Beratungsfirmen angewiesen. Diese sollten idealerweise die Sprache des Mittelstands sprechen und dessen Anforderungen verstehen.

---

[50] Vgl. o. V., ABAS Software AG (2007), S. 3 ff., Stand 27.05.2007.

4.1   Flexibilität

Im Mittelstand ist Flexibilität wichtig, um auf Änderungen der Kundenbedürfnisse, des Wettbewerbsumfelds und des Lieferanten- oder Partnerumfelds sowie der Entwicklungen von Märkten reagieren zu können. Flexibilität sowie Markt- und Kundennähe sind letztlich die Erfolgsfaktoren des Mittelstands.[51] Dadurch ergibt sich die Anforderung nach einer optimalen und flexiblen Nutzung der ERP-Software. Sie muss sich an die Entwicklungen des Unternehmens anpassen lassen und darf geschäftliche und strategische Weiterentwicklungen nicht einschränken.[52]

Mittelständische Unternehmen nutzen häufig einerseits die Interaktionsmöglichkeiten zwischen den üblichen Funktionen eines ERP-Systems, z.B. Finanz- und Rechnungswesen, sowie Produktion und Vertrieb vollständig aus und andererseits lassen sie oft Standardanwendungen an die eigenen Bedürfnisse anpassen und verschaffen sich so differenzierende Wettbewerbsvorteile.[53]

4.2   Anpassungsfähigkeit und Erweiterbarkeit

Für die Sicherstellung der unternehmerischen Flexibilität spielt die Anpassungsfähigkeit des ERP-Systems eine entscheidende Rolle. Folglich sollte eine ERP-Software die Möglichkeit zur Anpassung an die individuellen Anforderungen eines Unternehmens bieten.

Ebenso wird Wert auf die Erweiterbarkeit eines ERP-Systems gelegt. Grundvoraussetzung dafür ist ein offenes System, damit Änderungen schnell und unkompliziert und ohne großen Aufwand realisiert oder eigene Funktionalitäten hinzugefügt werden können. Eine Nutzung standardisierter, offener Anwenderschnittstellen und Programmierschnittstellen – Application Programming Interface (API) – ermöglichen dem Unternehmen, interne und externe Datenquellen einzubinden.

---

[51] Vgl. Wockenfuß M. u.a. (o. J.), S. 9, Stand 07.06.2007; Jacob, O. (1998), S. 3.
[52] Vgl. Jacob, O. (1998), S. 11.
[53] Vgl. o. V., ECS Deutschland (o. J.), o. S., Stand 02.06.2007.

4.3 Ergonomie

Bei der Einführung eines ERP-Produktes hat die Ergonomie der Benutzeroberfläche direkten Einfluss auf die Akzeptanz und Produktivität der Endanwender. Je intuitiver das Design einer Benutzeroberfläche vom Benutzer empfunden wird, desto höher ist in der Regel die Akzeptanz und desto geringer sind auch die Aufwendungen für Schulung und Betreuung der Anwender. Welche Benutzeroberfläche als intuitiv empfunden wird, ist sowohl von der Altanwendung bzw. Plattform als auch von der Erfahrung im Umgang mit Standard-PC-Programmen abhängig.[54] Ergonomie ist eine subjektive Komponente, welche von jedem Nutzer anders wahrgenommen wird.[55] So empfindet beispielsweise ein langjähriger AS400/iSeries-User eine Microsoft-orientierte Benutzeroberfläche meist als weniger intuitiv und benötigt länger, um seine Arbeitsabläufe an die ungewohnte Applikationslogik anzupassen.[56]

Die zunehmende Verbreitung von Browser-basierten Anwendungen und die steigende Erfahrung der Mitarbeiter im Umgang mit Internet-Applikationen hat dazu geführt, dass die Endanwender sich am schnellsten in eine Benutzeroberfläche einarbeiten, die sie bereits von den Microsoft-Office-Produkten kennen.[57]

In Verbindung mit Ergonomie muss auch das Thema Personalisierbarkeit eines ERP-Systems betrachtet werden. Demnach sollten entsprechende Rollen-Profile für die verschiedenen Funktionen definiert werden. Diese können gegebenenfalls noch vereinzelt angepasst werden. Außerdem sollte der einzelne Anwender auch selbstständig ohne weitere Hilfe in der Lage sein, seine Systemoberfläche nach eigenen Präferenzen anzupassen.[58]

4.4 Kosten-Nutzen-Verhältnis

Den Vorteilen und Nutzen, die ein ERP-System bietet, stehen die entstehenden Kosten gegenüber, vor allem die Höhe der Gesamtinvestition für das ERP-System bis zum durchgängig produktiven Einsatz.[59] Denn zu den Kosten zählen nicht nur

---

[54] Vgl. o. V., Meta Group (2005), S. 14, Stand 29.04.2007.
[55] Vgl. Wockenfuß M. u.a. (o. J.), S. 14 f., Stand 07.06.2007.
[56] Vgl. o. V., Meta Group (2005), S. 14, Stand 29.04.2007.
[57] Vgl. ebd.
[58] Vgl. Wockenfuß M. u.a. (o. J.), S. 14, Stand 07.06.2007.
[59] Vgl. o. V., ABAS Software AG (2007), S. 14, Stand 27.05.2007.

die direkten Kosten für Hard- und Software, sondern auch die indirekten Kosten, die durch Schulung von Mitarbeitern, Datenmigration bei Übernahme der Daten aus dem Altsystem, Anpassungen und Erweiterungen des Systems, Benutzerbetreuung sowie Betrieb und Wartung entstehen.[60]

Mittelständische Unternehmen führen im Gegensatz zu Großunternehmen meist keine umfangreichen Analysen wie total cost of ownership (TCO) oder return on investment (ROI) durch. Mittelständler bevorzugen Lösungen, die einen praktischen und offensichtlichen Nutzen versprechen. Bei der Betrachtung des Kosten-Nutzen-Verhältnisses stehen pragmatische, d. h. schnelle und quantifizierbare Ansätze im Vordergrund. Da insbesondere die Geschäftsführung in den meisten Fällen detaillierte Einblicke in die Kernprozesse und Kostenstrukturen hat, konzentrieren sich die Analysen bzw. die Nutzenabschätzungen auf konkrete Einsparungen in Teilprozessen.[61]

4.5 Beherrschbarer Systembetrieb

Aus der Rahmenbedingung geringe personelle Kapazität vor allem im Bereich Informatik, wie in Kapitel 3.2.5 erwähnt, ergibt sich die Anforderung an einen beherrschbaren Systembetrieb nach der Einführung. Damit ist die Sicherstellung eines möglichst fehlerfreien und stabilen Betriebs gemeint. Am Ende eines Einführungsprojektes und der Produktivsetzung des ERP-Systems sollte der Mittelständler den Betrieb der Standardsoftware weitgehend eigenständig durchführen können.[62] Funktionen wie Datensicherung, Reorganisation von Dateien und die Archivierung von Belegen sollten nach Abschluss des Projektes eigenständig organisiert und ausgeführt werden.

---

[60] Vgl. Hansen, H. R., Neuman, G. (2005), S. 536 f.
[61] Vgl. o. V., Meta Group (2005), S. 12 f., Stand 29.04.2007.
[62] Vgl. Jacob, O. (1998), S. 12.

5   Auswahlkriterien für ERP-Softwareanbieter

Auf welche Kriterien es in kleinen und mittelständischen Unternehmen bei der Softwareauswahl ankommt, ist Gegenstand dieses Kapitels. Herangezogen wird dazu das Ergebnis einer Untersuchung der Meta Group. Darin werden Gründe wie Investitions- und Zukunftssicherheit genannt. Die Meta Group sowie das Fraunhofer-Institut für Produktionstechnik und Automatisierung (IPA) haben bei der Softwareauswahl im Mittelstand festgestellt, dass der Preis nicht alleine ausschlaggebend ist. Allerdings spielt er aufgrund der personellen und finanziellen Rahmenbedingungen von kleinen und mittleren Unternehmen eine Rolle. Weitaus wichtiger ist die Investitionssicherheit.[63] Denn mit dem Kauf einer ERP-Software bindet sich ein Unternehmen für einen langen Zeitraum an den Anbieter. Die Bindung resultiert aus der notwendigen Wartung, Pflege und Weiterentwicklung des ERP-Systems, das von dem Anbieter durchgeführt wird. Ob ein Anbieter am Markt präsent ist, entscheidet über die Zukunfts- und Investitionssicherheit und die Möglichkeit einer Weiterentwicklung seines Produktes, da sich die technischen und fachlichen Anforderungen an die Software im Laufe der Zeit ändern können. Für den langfristigen Erfolg des Systems ist das Potenzial für Weiterentwicklung von Bedeutung.[64]

Vor der Auswahl eines ERP-Softwareanbieters sollten die Anforderungen des Unternehmens bekannt sein. Ansonsten besteht die Gefahr, dass eine ERP-Software gekauft wird, die wichtige Prozesse nicht unterstützt, da ERP-Anbieter sich in der Regel auf einen Industriezweig spezialisiert haben. Deshalb eignet sich nicht jede ERP-Software für jedes Unternehmen.

5.1   Investitionssicherheit

In mittelständischen Unternehmen liegen andere Rahmenbedingungen für Finanzierung und Investitionen vor als in Großunternehmen.[65] Ihnen ist der Weg zum organisierten Kapitalmarkt verschlossen, da sie meistens als Einzel- oder Personengesellschaften organisiert sind, wie in Kapitel 3.2.4 bereits erwähnt.

---

[63] Vgl. o. V., Meta Group (2002), o. S., zitiert nach Radatz K. (2003), S. 14, Stand 07.06.2007.
[64] Vgl. Schröter M. (2001), S. 86 f.
[65] Vgl. Jacob, O. (1998), S. 7.

Dadurch ergeben sich nur begrenzte Finanzierungsmöglichkeiten.[66] Investitionsbereite Untenehmen prüfen mögliche ERP-Softwareanbieter daher auf ihre wirtschaftliche Solidität und fordern eine finanziell kalkulierbare Einführung des Systems. Die Einführung muss hinsichtlich der Projekt- als auch der Folgekosten überschaubar und transparent sein.[67]

Angesichts dieser Kriterien besteht für den Mittelstand die Schwierigkeit, bei der Anbieterauswahl eine unter dem Aspekt der Investitionssicherheit richtige Entscheidung zu treffen.

5.2   Fachkompetenz der Anbieter

In Marktstudien hat sich immer wieder gezeigt, dass bei der Auswahl eines ERP-Softwareanbieters die Geschäftsprozess- und die Integrationserfahrung eine hohe Priorität haben. Als ebenso wichtig nannten die befragten Unternehmen die Branchenexpertise des ERP-Anbieters. Idealerweise sollten ERP-Systemhäuser diese Erfahrungsanforderungen durch den Nachweis von Kundenreferenzen branchen- und größenspezifisch belegen können.[68]

5.3   Überlebensfähigkeit der Anbieter

Die Software-Investitionsentscheidungen bei mittelständischen Unternehmen werden zunehmend an der Finanzkraft und Überlebensfähigkeit des Anbieters und nicht primär an Produkt- und Servicequalität ausgerichtet.[69] Hier spielen beispielsweise die Stabilität und die Marktstellung des Software-Unternehmens eine Rolle. Eine gründliche Prüfung ist wichtig, da der Anbieter auch auf lange Sicht gesehen ein starker und vertrauenswürdiger Partner sein muss.[70]

---

[66] Vgl. Pfohl, H.-C. (2006), S. 20.
[67] Vgl. Jacob, O. (1998), S. 12.
[68] Vgl. o. V., Meta Group (2005), S. 13, Stand 29.04.2007.
[69] Vgl. Velten C. (2002), S. 2, Stand 11.06.2007.
[70] Vgl. Uhrig, M. (1999), S. 76.

5.4   Zukunftssicherheit der ERP-Software

Ein weiteres Entscheidungskriterium im Sinne der Investitionsabsicherung ist die Zukunftssicherheit der ERP-Software. Der Leistungsumfang heute und seine Sicherstellung in der Zukunft sind die ausschlaggebenden Faktoren bei der Entscheidung für ein ERP-Produkt.[71]

Denn die Einführung eines ERP-Systems bindet das Unternehmen für mehrere Jahre an das Produkt. In dieser Zeit könnten sich die betrieblichen Anforderungen verändern, was entsprechende Anpassungen des Systems zur Folge hätte. ERP-Software sollte offene und internationale Standards der Schnittstellen, APIs, verwenden, um Zukunfts- und Investitionssicherheit zu gewährleisten.[72] Mangels eigener Kapazitäten sind die mittelständischen Unternehmen meist nicht in der Lage, das betriebliche Informations- und Kommunikationssystem gemäß den aktuellen technischen Möglichkeiten weiterzuentwickeln. Beim Einsatz von Standardsoftware kommt diese Aufgabe dem ERP-Softwareanbieter zu. Das mittelständische Unternehmen muss sich darauf verlassen, dass der Softwarepartner die Zukunftssicherheit der Software garantiert.[73]

---

[71] Vgl. Ramsauer H., Waldow J.-P. (2004), S. 2, Stand 11.06.2007.
[72] Vgl. Norris, G. et al. (2002), S. 41.
[73] Vgl. Jacob, O. (1998), S. 25.

6 Barrieren bei der Implementierung von ERP-Systemen

Bei der Implementierung von ERP-Systemen können Einführungsprojekte scheitern.[74] In diesem Kapitel werden Ursachen für dieses Problem dargestellt und Gründe aufgezeigt, die für Misserfolge verantwortlich sein können.

6.1 Investition

Die Implementierung eines ERP-Systems stellt eine Investition dar, die einerseits finanzielle Ressourcen für die Kosten und andererseits personelle Ressourcen des Unternehmens bindet.[75] Aufgrund des begrenzten Investitionsbudgets, wie in Kapitel 5.1 beschrieben, sollte die Implementierung eines ERP-Systems finanziell kalkulierbar sein. Dabei besteht die Gefahr einer falschen Kosteneinschätzung. Die Gesamtinvestition für ein ERP-System inkludiert die Kosten für Hardware, Software, Schulung, Beratung, internes Personal, Installation, Datenmigration sowie für Upgrade- und Instandhaltung etc., die in den ersten Jahren entstehen. Zu Budgetüberschreitungen kommt es häufig in den Bereichen Schulung, Anpassungen und Test, wenn die ERP-Software einen Unternehmensprozess nicht unterstützt, sowie im Bereich der Datenmigration, falls Daten des Altsystems mit Fehlern belastet oder inkompatibel sind und nicht automatisiert übernommen werden können.

6.2 Organisation

Bei der Implementierung eines ERP-Systems innerhalb eines Unternehmens werden Teile der Organisation berührt. Die Arbeitsweise der Mitarbeiter verändert sich. Sie verwenden neue Software und müssen geschult werden. Die Arbeitsabläufe werden verändert. Es müssen neue Abläufe etabliert und die alten blockiert werden.[76]

---

[74] Vgl. Ulrich A. (2007), S. 1f., Stand 13.06.2007.
[75] Vgl. Norris, G. et al. (2002), S. 50.
[76] Vgl. ebd., S. 52.

Wegen der Schwierigkeiten, neue Arbeitsweisen zu übernehmen, haben die Mitarbeiter in der Regel wenig Akzeptanz für die Veränderungen im Zusammenhang mit der Einführung eines ERP-Systems.[77]

6.3 Wissen und personelle Kapazität

Im Mittelstand findet man überschaubare Organisationsstrukturen.[78] Die Arbeitsteilung ist weniger ausgeprägt als in Großunternehmen, so dass häufig eine Person mehrere Aufgabenbereiche gleichzeitig betreut, wie in Kapitel 3.2.5 erwähnt.

Eine Infrastruktur im Sinne von vielen Mitarbeitern und Expertenwissen existiert in mittelständischen Unternehmen nicht.[79] Die personelle Kapazität in der IT ist im Mittelstand begrenzt.[80] IT-Abteilungen bestehen aus wenigen Mitarbeitern, welche von der PC-Software über Netzwerk, Hardware, Programmierung und Pflege alles erledigen müssen. Die geringe Anzahl von Mitarbeitern ist nicht in der Lage, die Breite und die Aktualität des Wissens sicherzustellen, das für die Einführung und den Betrieb umfassender, integrierter Informationssysteme wie ERP meist notwendig ist.[81]

Ebenso können die Mitarbeiter im Mittelstand nicht vollzeitig in das Einführungsprojekt eingebunden werden, wie beispielsweise bei Großunternehmen üblich, da neben der Projektarbeit auch das Tagesgeschäft erledigt werden muss.[82]

6.4 Geschäftsprozesse

Wenn die ERP-Software einen wichtigen Unternehmensprozess nicht abbildet, kann das Unternehmen entweder den Prozess ändern oder die Software anpassen. Mit der Änderung des Unternehmensprozesses muss man etablierte Gewohnheiten ändern, was zu Problemen führen kann. Außerdem kann man mit der Aufgabe eines entscheidenden Prozesses einen Wettbewerbsvorteil verlieren.

---

[77] Vgl. Norris, G. et al. (2002), S. 52.
[78] Vgl. Jacob, O. (1998), S. 7.
[79] Vgl. ebd., S. 33.
[80] Vgl. ebd., S. 7.
[81] Vgl. ebd., S. 33.
[82] Vgl. ebd., S. 11 f.

Sofern man die Software an den Prozess anpasst, verlangsamt dies die Implementierung und das System kann fehleranfälliger werden. Kundeneigene Anpassungen der Software führen in der Regel bei einem Upgrade auf neue Releases des ERP-Anbieters zu mehr Testaufwand.

6.5 Akzeptanzprobleme und Widerstände

Wenn die Entschlossenheit der Verantwortlichen fehlt, ist der Erfolg von Veränderungen, der im Rahmen eines Implementierungsprozesses von ERP nötig ist, gefährdet. Mitarbeiter, die sich bei Veränderungen benachteiligt sehen, leisten oft starken Widerstand. Vorausgesetzt, ein Unternehmen wird im Rahmen der ERP-Implementierung reorganisiert, sorgen sich Mitarbeiter um ihren Zuständigkeitsbereich, da dieser an Bedeutung verlieren kann oder sogar aufgrund von Einsparungsmaßnahmen wegrationalisiert wird.

Es ist wichtig, Zustimmung von allen, die Veränderungen bewirken können, zu erhalten. Transparente Ziele sind hier hilfreich.[83]

6.5.1 Management

ERP-Projekte können an der mangelnden Identifikation des Managements und der Bereitschaft zu einschneidenden Veränderungen in der eigenen Organisationen scheitern. Das Management übersieht, dass es eine Vorbildwirkung hat und dass sein Verhalten von den Mitarbeitern reflektiert wird. Wenn das Management beispielsweise nicht an den Schulungen für das neue ERP-Programm teilnimmt, so kann das eine negative Signalwirkung für die Mitarbeiter haben.

Das Management versäumt es auch, die eigentlichen Anwender in das Projekt einzubinden, sei es durch die Möglichkeit eines Feedbacks von den Anwendern oder die regelmäßigen Informationen über den Fortschritt des Projekts durch das Management.[84]

Um von Beginn an eine positive Grundeinstellung der Mitarbeiter zu erreichen, ist es notwendig, Projektinformation weiterzugeben. Fehlende Information führt zu falschen Mutmaßungen und Gerüchten, was wiederum zu Ängsten und Vorurteilen

---

[83] Vgl. Norris, G. et al. (2002), S. 127.
[84] Vgl. Schwetz, W. (2001), S. 151f.

gegenüber dem Projekt führt. Die dadurch entstehende negative Einstellung verschlechtert die Chancen auf eine erfolgreiche Implementierung.[85]

6.5.2 Mitarbeiter

Bei den Anwendern besteht häufig mangelnde Akzeptanz bei neu eingeführten Systemen. Dies ist darauf zurückzuführen, dass vergessen wird, schon in der Konzeptionsphase die Anwender miteinzubeziehen. In dieser entscheidenden Phase wird auf Rückmeldungen der eigentlichen Anwender in der Regel verzichtet und die Planung vorwiegend dem Management und der IT-Abteilung überlassen.

Viele Mitarbeiter fühlen sich gerade zu Beginn mit den neuen Anwendungen überfordert, da die neue Standardsoftware über wesentlich umfangreichere Funktionen verfügt. Schulungen können der Angst vor der neuen Software entgegenwirken, aber diese werden aus Kosten- und Zeitgründen eher sparsam eingesetzt.

Ein weiterer Grund für die Abwehr von neuen Anwendungen durch die Mitarbeiter ist die Angst vor verstärkten Kontrollen und Verlust der Eigenständigkeit. Mit der Implementierung von neuen Systemen ergeben sich zusätzliche Möglichkeiten für das Management, die Effizienz der Mitarbeiter zu überprüfen, sei es in Form von Reporting- oder Kontrollsystemen. Viele Mitarbeiter versuchen, diesen Kontrollen zu entgehen, indem sie falsche Angaben machen, was wiederum negative Auswirkungen auf die Validität von Prognosen und Markteinschätzungen hat.[86]

---

[85] Vgl. Steinbuch, P. A. (1998), S. 82f.
[86] Vgl. Schwetz, W. (2001), S. 145ff.

7 ERP-Markt für KMU

Ziel dieser Fallstudie und des folgenden Kapitels ist nicht, eine umfassende Marktanalyse durchzuführen. Hier werden lediglich ausgewählte qualitative und quantitative Aspekte in den letzten drei Jahren auf dem deutschen ERP-Markt für kleine und mittelständische Unternehmen berücksichtigt. Ausgehend von diesen Aspekten werden die Bewegungen und mögliche Entwicklungen auf diesem spezifischen Markt beobachtet.

7.1 Marktabgrenzung

„Market – a means by which the exchange of goods and services takes place as a result of buyers and sellers being in contact with one another, either directly or through mediating agents or institutions."[87]

Basierend auf dieser allgemeinen Definition des Marktes sowie ERP- und Mittelstandsdefinitionen[88] ergeben sich auf dem ERP-Markt für kleine und mittelständische Unternehmen in Deutschland folgende Zusammenhänge:

Die Softwarehersteller bieten direkt oder zusammen mit ihren Partnern bzw. über Drittanbieter die ERP-Software und mit ihr verbundene Dienstleistungen wie z. B. Beratung, Schulung und Wartung auf dem deutschen Markt an. Abnehmer dieser Software und Dienstleistungen sind kleine und mittelständische Unternehmen verschiedener Branchen.

Eine Abgrenzung zwischen umfassenden ERP-Lösungen und speziellen Produkten für das Finanz- und Rechnungswesen sowie Personalwirtschaft, den Bürobereich und Dokumentenverwaltung, Wissensmanagement und Contentmanagement ist nicht in allen Marktuntersuchungen gegeben. Beispielsweise werden in einigen Marktstudien auch die Hersteller solcher Produkte wie z. B. Datev oder Lexware als ERP-Anbieter betrachtet.[89]

---

[87] O. V., Encyclopædia Britannica (o. J.), o. S., Stand 18.05.2007.
[88] Siehe Kapitel 2 und 3.
[89] Vgl. Sontow, K. (o. J.), S. 1, Stand 18.05.2007.

7.2   Ausgewählte Marktaspekte

7.2.1   Relevante Marktsegmente

Der ERP-Markt wächst seit Jahren kontinuierlich und einer der wichtigsten Wachstumstreiber ist der Mittelstand, worauf in einem der folgenden Abschnitte eingegangen wird.[90]

Das Verhalten der mittelständischen Unternehmen hinsichtlich ihrer Größe und der geplanten Ausgaben für betriebswirtschaftliche Software wurde in einer von der Firma Sage Software beauftragten Studie analysiert.[91] Als ERP-Spezialist für kleinere Unternehmen hat Sage unter anderem die Verbreitung und eventuelles Interesse an der Anschaffung von ERP-Lösungen untersucht.

Die Ergebnisse dieser Umfrage zeigen, dass kleine Unternehmen mit wenigen Beschäftigten im Vergleich zu größeren mittelständischen Unternehmen ERP-Systeme seltener einsetzen. Sie hätten auch geringeres Interesse an den umfassenden ERP-Lösungen. Erst mit der zunehmenden Betriebsgröße nehmen sowohl die Verbreitung als auch das Interesse am Einsatz eines ERP-Systems zu.[92] Nachfolgende Abbildung veranschaulicht diese Zusammenhänge:

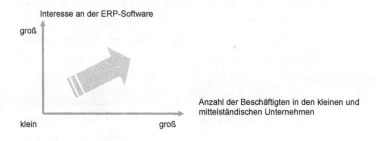

Abbildung 2: ERP-Marktrelevanz für KMU nach der Anzahl der Beschäftigten

Das Fazit dieser Beobachtung ist, dass vor allem Unternehmen aus den mittleren und oberen Marktsegmenten als bedeutende Abnehmer auf dem ERP-Markt für den Mittelstand bezeichnet werden, während kleine Unternehmen in dieser Hinsicht weniger relevant sind.

---

[90] Siehe Kapitel 7.2.5.
[91] Vgl. o. V., Sage Software GmbH & Co. KG (2004), o. S., Stand 28.05.2007.
[92] Vgl. ebd.

7.2.2 Anbieterübersicht nach Marktsegmenten

Sich auf unterschiedliche Studien berufend, analysieren Hansen und Neumann den ERP-Software-Markt für KMU und segmentieren ihn dabei nach der Unternehmensgröße. Als repräsentativer Hersteller im Marktsegment für Unternehmen mit 100 bis 500 Beschäftigten werden SAP, Agilisys und Microsoft gewählt. Es werden auch die deutschen mittelständischen Anbieter wie etwa Abas, AP, CSB, Proalpha, PSI oder Soft M. mit ihren überwiegend branchenorientierten Lösungen erwähnt.[93] Auf dem Marktsegment für Unternehmen, die zwischen 50 und 100 Beschäftigten haben werden Sage, Microsoft und SAP als bedeutend bezeichnet, während auf dem Marktsegment für Kleinstunternehmen mit bis zu 50 Beschäftigten nur Firma Sage erwähnt wird.

Zu ähnlichen Ergebnissen kommt auch die Marktstudie von Trovarit AG aus dem Jahre 2004, die 682 Unternehmen untersuchte.[94] In der nachfolgenden Abbildung werden bedeutende Anbieter und ihre Marktanteile in verschiedenen Marktsegmenten verglichen.

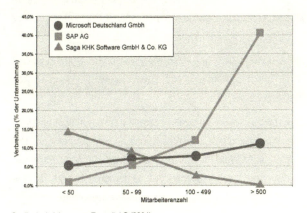

Quelle: In Anlehnung an Trovarit AG (2004),
zitiert nach Sontow, K., S. 3, Stand 18.05.2007

Abbildung 3: Marktanteile ausgewählter ERP-Anbieter

Als Ergebnis dieser Beobachtungen steht fest, dass die Präferenzen für die bestimmten ERP-Hersteller von der Unternehmensgröße abhängen. Dies ist auf die unterschiedlichen Anforderungen sowie die Spezialisierung einiger Hersteller mit ihren Lösungen auf jeweilige Segmente zurückzuführen. Allein Microsoft ist in

---

[93] Vgl. Hansen, N. R., Neumann, G. (2005), S. 601 ff.

[94] Vgl. Sontow, K. (o. J.), S. 3, Stand 18.05.2007.

allen Marktsegmenten relativ gleichmäßig Vertreten, was auf die Übernahmen von kleinen ERP-Herstellern, die bereits in unterschiedlichen Marktsegmenten vertreten waren, zurückzuführen ist.

7.2.3 Open-Source-Lösungen

Als beispielhafte Open-Source-ERP-Systeme nennen Neumann und Hansen das AvERP des deutschen Herstellers Synerpy und ComPiere des gleichnamigen US-Herstellers.[95] Es wird aber bemerkt, dass die Verbreitung dieser Systeme kaum erwähnenswert ist.

Ähnlich schreibt auch Stoy in der Zeitschrift Computerwoche. Als Schwierigkeiten für den Einsatz der Open-Source-ERP-Lösungen sieht er mangelndes Know-how und fehlende Bereitschaft der Benutzer, sich selbst an der Weiterentwicklung eines Open-Source-Produktes aktiv zu beteiligen, sowie gewisse rechtliche Aspekte hinsichtlich der Anpassung der integrierten Buchhaltungs- und Kostenrechnungs-Module an die Gesetzgebung im jeweiligen Land. Weiter führt er aus, dass eine zuverlässige Wartung und Betreuung auf der Open-Source-Basis nicht immer gewährleistet seien.[96]

Neben den oben erwähnten Herstellern und Produkten werden im Artikel „Pro und contra Open-Source-ERP" noch LX-Office, GNU Enterprise, ERP5, Icontec AG, GnuCash.org und SQL-Ledger erwähnt.[97]

Auch wenn Lizenzkosten für die Open-Source-Produkte in der Regel nicht anfallen, können Anpassung und Wartung erhebliche Investitionen nach sich ziehen. Die Open-Source-Regeln, die auf Weitergabe eigener Entwicklungen basieren, entsprechen nicht immer der Geschäftslogik der Unternehmen, die eigene Entwicklungen als Wettbewerbsvorteil sehen und diese ungern weitergeben.

7.2.4 Homogenität des Marktes

Der ERP-Markt für Großunternehmen wird durch die Fima SAP dominiert. Nach der Studie der Beratungsgesellschaft Pierre Audoin Consultants (PAC), die deutsche Unternehmen mit mehr als 1.000 Beschäftigten im Jahr 2004 umfasst, hat SAP

---

[95] Vgl. Hansen, N. R., Neumann, G. (2005), S. 605.
[96] Vgl. Stoy G. (2005), o. S., Stand 01.06.2007.
[97] Vgl. ebd.

einen Marktanteil von 77 Prozent.[98] Demnach kann der deutsche ERP-Markt für die Großunternehmen als homogen charakterisiert werden.

Im Vergleich zum Markt für Großunternehmen gibt es auf dem ERP-Markt für KMU viele kleine Anbieter, die kumulativ gesehen einen beachtlichen Marktanteil haben. So schreibt Schicht in der Zeitschrift InformationWeek[99] von etwa 350 und Kubsch auf den Webseiten der TechConsult GmbH von 200 kleinen Anbietern[100], die sich in ihren Nischenmärkten etabliert haben.

Die starke Fragmentierung dieses Marktes wird auch durch eine PAC-Studie aus dem Jahr 2006 belegt. Am Beispiel des Marktsegmentes für Unternehmen mit bis zu 100 Beschäftigen wird beobachtet, dass sich sogar 56 Prozent des Marktes in den Händen der Anbieter befinden, die jeweils weniger als 3 Prozent Marktanteile haben. Dieses Verhältnis ist auch in der folgenden Grafik abgebildet.[101]

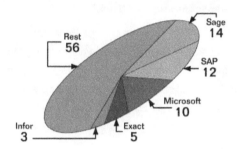

Quelle: PAC (2006), Angaben in Prozent,
zitiert nach: o. V., IDG Business Media GmbH (2006), o. S., Stand 30.05.2007

Abbildung 4: Marktanteile bei Unternehmen mit weniger als 100 Beschäftigten

Da auch in oberen Segmenten des ERP-Marktes für kleine und mittelständische Unternehmen keiner der Anbieter über die absolute Mehrheit der Marktanteile verfügt[102], kann dieser Markt als heterogen bezeichnet werden.

Kleine ERP-Softwareanbieter sind von der Konkurrenz der großen durch den hohen Individualisierungsgrad ihrer Produkte sowie die Anpassung an die spezifischen Bedürfnissen ihrer Klientel geschützt. Den großen Anbietern gelingt es nur schwer, mit ihren einzelnen Produkten für die jeweiligen Marktsegmente der

---

[98] Vgl. Bayer, M. (2005), o. S., Stand 30.05.2007.

[99] Vgl. Schicht, B. (2004), S. 24.

[100] Vgl. Kubsch, A. (2006): o. S., Stand 01.06.2007.

[101] Vgl. o. V., IDG Business Media GmbH (2006): o. S., Stand 30.05.2007.

[102] Siehe Kapitel 7.2.3.

Vielfalt der branchenspezifischen und individuellen Anforderungen des Mittelstandes gerecht zu werden.[103]

Wegen Insolvenzen und Übernahmen kommt es zu zahlreichen Marktaustritten kleiner ERP-Softwareanbieter. Für den KMU-Markt bedeutende Übernahmen waren u. a. die des dänischen Navision und Axapta durch Microsoft, die Übernahme des deutschen Fertigungsspezialisten Bäurer durch den britischen Hersteller Sage und die des israelischen TopManage durch SAP.

7.2.5 Marktvolumen und Entwicklung

Unterschiedliche Quellen sehen den Mittelstand als Wachstumsträger auf dem ERP-Software-Markt. Der Markt für Großunternehmen wird als gesättigt eingeschätzt und wegen des hohen Implementierungsaufwands neigen große Unternehmen nicht zu einem Softwarewechsel in diesem Bereich.[104]

Beispielsweise beruft sich die Zeitschrift Computerwoche auf eine Recherche vom IDC, dem großen Anbieter im Bereich der IT-Marktbeobachtung und -Beratung, der im Jahr 2006 den ERP-Software-Markt in Deutschland untersuchte. Insgesamt wurde mit einem Marktvolumen von etwas über zwei Milliarden Dollar gerechnet, was ein Wachstum von 4,4 Prozent im Vergleich zum Jahr 2005 darstelle. Vor allem Mittelständer seien investitionsfreudig, während sich Großunternehmen zurückhielten.[105]

Eine Marktstudie der TechConsult GmbH über Ausgaben für ausgewählte Softwarelösungen befasst sich ausschließlich mit den deutschen mittelständischen Unternehmen, die weniger als 500 Mitarbeiter beschäftigen. Es wird die Entwicklung der Umsätze für die ERP-, CRM,- SCM,- und e-Procurement-Produkte beobachtet. Dabei wird der Umsatz für die ERP-Software im Jahr 2006 auf 596,9 Millionen Euro geschätzt. Der Vergleich zum Vorjahr sowie eine Schätzung der Entwicklung fürs Jahr 2007 werden in der nachfolgenden Grafik veranschaulicht.[106]

[103] Vgl. Schicht, B. (2004), S. 24.
[104] Vgl. Hansen, N. R., Neumann, G. (2005), S. 605.
[105] Vgl. o. V., IDG Business Media GmbH (2006), o. S., Stand 20.05.2007.
[106] Vgl. Kubsch, A. (2006), S. 8, Stand 31.05.2007.

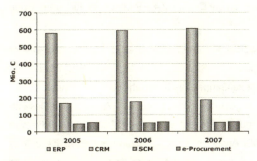

Quelle: Kubsch, A. (2006), S. 8, Stand 31.05.2007

Abbildung 5: Ausgaben für ausgewählte Softwareprodukte der deutschen Unternehmen mit weniger als 500 Beschäftigten

Als Folge dieser Marktentwicklungen versuchen große Softwarehersteller wie SAP, Oracle oder Microsoft, ihre Umsätze auf dem ERP-Markt gezielt im Mittelstand zu steigern. Auf den speziell dem Mittelstand gewidmeten Webseiten preisen sie ihre eigenen Mittelstandsinitiativen an und stellen ihre Produktpaletten vor.

Allerdings ist der mittelständische Markt für sie mit einigen Schwierigkeiten verbunden. Kleine und mittelgroße Unternehmen verfügen nicht über die finanziellen und personellen Ressourcen eines Großkonzerns. Deswegen sind für sie kurze Projektlaufzeiten und geringe Gesamtkosten oft entscheidend. Sie bevorzugen auch Berater aus gleicher, mittelständischer Unternehmenskultur, die einzelne Lösungen ihren Individuellen und branchenspezifischen Bedürfnissen anpassen können.[107]

Mit alternativen Vertriebsmodellen versuchen große Hersteller, dem geringeren Budget der mittelständischen Unternehmen gerecht zu werden. SAP plant für das Jahr 2008 ein sogenanntes On-Demand-Geschäftsmodell. Die Interessenten könnten via Internet in einem speziellen Portal ihre Anforderungen zusammenstellen und anschließend wird ihren Bedürfnissen angepasste Testsoftware zum Herunterladen angeboten.[108]

Microsoft hat im November 2006 angekündigt, in der Zukunft CRM- und ERP-Software zur Miete anzubieten. Im Rahmen eines neuen Lizenzmodells können vor

---

[107] Vgl. o. V., IDG Business Media GmbH (2006), o. S., Stand 20.05.2007.
[108] Vgl. Bayer M. (2007), S. 1 ff., Stand 04.06.2007.

allem mittelständische Unternehmen die Dynamics-ERP-Lösungen für einen festen monatlichen Preis mieten.[109]

Eine alternative zu den gewöhnlichen Vertriebsmodellen könnte das wieder aufgelebte ASP-Modell (Application Service Providing) werden. Nach der Schätzung des Forschungsinstituts Gartner aus dem Jahr 2005 wird das auf SaaS (Software as a Service) umgetaufte Modell seinen Anteil am Gesamt-Softwaremarkt von 5 Prozent auf 25 Prozent im Jahr 2011 steigern. Im Bereich ERP wäre der derzeitige (2005) Anteil bei etwa 4 Prozent. Bei SaaS handelt es sich laut Gartner-Definition um Software, die auf einem Server bereitgestellt wird und allen registrierten Kunden zugänglich ist. Die Abrechnung erfolgt nach Nutzung oder auf Basis eines Vertrages mit entsprechenden Nutzungsbedingungen. So hätten die Kunden keine Aufwände bezüglich der Wartung der Software und müssten sich nicht mit den zugrunde liegenden Hardwaresystemen belasten.[110]

7.3 Marktausblick

In diesem Kapitel beschriebene Marktaspekte weisen den Mittelstand als Wachstumsträger auf dem deutschen ERP-Markt auf. Insbesondere mittelgroße und größere mittelständische Unternehmen hätten noch ein Nachholbedarf und wären bereit in die ERP-Software zu investieren.

Aufgrund der Sättigung ist das Wachstum der Investitionen für die ERP-Software bei den Großunternehmen geringer als im Mittelstand. Die großen ERP-Software-Hersteller haben diese Tendenz erkannt und versuchen durch Übernahmen von kleinen Anbietern, mit neuen Produkten und Vertriebsmodellen ihre Markanteile auf dem mittelständischen ERP-Markt auszubauen.

Ihnen stehen auf diesem Marktsegment viele kleine Anbieter gegenüber, die sich durch die Branchenspezialisierung und Flexibilität Nischenmärkte aufgebaut haben. Im Vergleich zur lizenzpflichtigen Software finden zurzeit Open-Source-Lösungen wenig Verbreitung auf dem ERP-Markt.

Wegen der kleineren Margen, einer eigenen Unternehmenskultur sowie speziellen Anforderungen bleibt dieses Marktsegment für die großen Softwarehersteller schwierig. Nach einer Schätzung der TechConsult GmbH aus dem Jahr 2006

---

[109] Vgl. o. V., Huber Verlag für Neue Medien GmbH (2006), o. S., Stand 01.06.2007.
[110] Vgl. Kissling, R. (2006), o. S., Stand 01.06.2007.

wachsen jedoch die Installationen von SAP-, Microsoft- und Sage-Produkten in mittelständischen Betrieben jährlich um 10 bis 15 Prozent. Es wird erwartet, dass in fünf bis sieben Jahren sich nur noch 30 Anbieter über 95 % des ERP-Marktes teilen.[111] Zurzeit ist aber dieses Marktsegment immer noch sehr zersplittert.

In Anbetracht all dieser Aspekte ist auch zukünftig mit einem dynamischen und mindestens in der näheren Zukunft wachsenden, aber auch hart umkämpften Markt zu rechnen.

---

[111] Vgl. Kubsch, A. (2006), o. S., Stand 01.06.2007.

8 ERP-Softwarevergleich

In diesem Kapitel werden zwei große Software-Hersteller und ihre Produktpalette für den Mittelstand vorgestellt. Anschließend werden zwei ERP-Systeme für kleinere mittelständische Unternehmen nach ausgewählten Kriterien verglichen: Microsoft Dynamics NAV und SAP Business One.

8.1 Hersteller- und Produktvorstellung

8.1.1 Microsoft Dynamics NAV

Die Microsoft Corporation mit dem Hauptsitz in Redmond, USA, wurde im Jahre 1975 von Bill Gates und Paul Allen gegründet. Sie beschäftigt weltweit rund 71.000 Mitarbeiter und hat außerhalb der Vereinigten Staaten 103 Niederlassungen. Der Jahresumsatz für das Jahr 2006 beträgt 44,28 Milliarden US-Dollar und demnach ist Microsoft der weltweit größte Hersteller von Standardsoftware.[112]

Auf seinen dem Mittelstand gewidmeten Webseiten preist Microsoft eigene Business-Software unter dem Namen Dynamics als eine Produktreihe an, mit der sich die Prozesse in der Buchhaltung, im Kundenmanagement und in der Logistik automatisieren und besser steuern lassen.[113] Aus dieser Produktreihe gibt es zurzeit auf dem deutschen Markt, neben dem für Vertriebs- und Kundendienstanwendungen geeigneten Dynamics CRM, noch zwei komplette ERP-Lösungen:

- Dynamics AX, das laut Microsoft „zielgerichtet für Unternehmen des oberen Mittelstandssegmentes entwickelt"[114] wurde,

- Dynamics NAV als eine Lösung für kleine mittelständische Unternehmen.[115]

Microsoft Dynamics NAV, vormals Navision, wurde ursprünglich vom dänischen Unternehmen Navision Software A/S entwickelt und war vor allem in Europa im unteren mittelständischen ERP-Marktsegment verbreitet, als es im Jahre 2002 zur

---

[112] Vgl. o. V., Microsoft GmbH (2007), o. S., Stand 25.05.2007.
[113] Vgl. ebd.
[114] Ebd.
[115] Vgl. ebd.

1,48 Milliarden Euro teuren Übernahme durch Microsoft kam.[116] Es wurde dem Geschäftsbereich Microsoft Business Solutions zugeteilt und weiter unter dem Namen Microsoft Navision vermarktet, bis es auf die aktuelle Bezeichnung umgetauft wurde. Die aktuelle Version hat die Bezeichnung Microsoft Dynamics NAV 4.0. Die Nachfolgeversion 5.0 wurde erstmals auf der Messe CEBIT 2007 in Hannover vorgestellt.[117]

8.1.2 SAP Business One

Das Unternehmen SAP mit Stammsitz in Walldorf, Deutschland, wurde im Jahr 1972 von fünf ehemaligen IBM-Mitarbeitern gegründet. Das Unternehmen beschäftigt weltweit rund 40.500 Beschäftigte und erzielte im Geschäftsjahr 2006 einen vorläufigen Umsatz von 9,4 Milliarden Euro. SAP ist der größte Softwarehersteller in Europa und der drittgrößte in der Welt. Das Unternehmen ist nach dem Umsatz auch der weltweit größte Anbieter von ERP-Lösungen.[118]

Für mittelständische Unternehmen bietet SAP nach eigenen Gliederungsmerkmalen folgende ERP-Lösungen:

- SAP All-in-One mit bereits vorkonfigurierten branchenspezifischen Geschäftsabläufen.

- SAP Business Suite für Unternehmen, die mehrere hundert Mitarbeiter beschäftigen und sehr komplexe IT-Anforderungen haben.

- SAP Business One für kleinere mittelständische Unternehmen.[119]

SAP Business One entstand auf der Basis TopManage ERP-Software, nachdem SAP im Jahre 2002 den israelischen Hersteller TopManage Financial Solutions Ltd. übernommen hatte. Im Jahr 2004 kaufte SAP die norwegische Firma iLytix Systems AS und erweiterte eigenes Produkt um die neuen Funktionalitäten. Die aktuelle Version des Produktes ist SAP Business One 2005.[120]

---

[116] Vgl. o. V., Heise Zeitschriften Verlag (2002), o. S., Stand 27.05.2007.
[117] Vgl. o. V., Microsoft GmbH (2007), o. S., Stand 25.05.2007.
[118] Vgl. o. V., SAP Deutschland AG & Co. KG (2007), o. S., Stand 26.05.2007.
[119] Vgl. ebd.
[120] Vgl. ebd.

8.2 Quantitativer Vergleich

In Zusammenarbeit mit dem Hamburger Technikberatungs-Unternehmen Research One analysierte die Zeitschrift Computerwoche in ihrer Ausgabe vom 25. August 2006 ERP-Systeme hinsichtlich ihrer quantitativen und qualitativen Eigenschaften. In der Tabelle 4 sind die Eckdaten von Microsoft Dynamics NAV und SAP Business One erfasst.[121]

	Microsoft Dynamics NAV 4.0 SP 2	SAP Business One 2005 A
Kunden in Deutschland	15 000	1196
Lizenzen in Deutschland	80 000*	5000*
Anzahl der Branchenlösungen	108	250
Anzahl der Sprachen	26	25
Listenpreis Einzelplatz	1900	2500

Quelle: In Anlehnung an Deininger, O. (2006), S. 3, Stand 27.05.2007, Produktbestandteile und Software Sage Office Line herausgenommen, * geschätzte Zahlen

Tabelle 4: Quantitativer Vergleich ERP-Systeme

Der quantitative Vergleich nach dieser Quelle lässt schließen, dass die Anzahl der Kunden, die das Produkt der Firma Microsoft einsetzen, um ein Vielfaches höher ist als die Anzahl der Kunden, die die SAP-Lösung einsetzen. Ein ähnliches Verhältnis gilt auch für die Anzahl der Einzelplatz-Lizenzen. Mehr Branchenlösungen bietet das SAP-Produkt, das etwa 600 Euro pro Einzelplatz-Lizenz mehr kostet. Beide Produkte richten sich an die Zielgruppe der kleineren mittelständischen Unternehmen.

8.3 Qualitativer Vergleich

8.3.1 Funktionsumfang

Als wichtigste Funktionen von Dynamics NAV sieht Microsoft Finanzmanagement, Business Analytics, Supply-Chain-Management, Marketing & Vertrieb, und E-

---

[121] Vgl. Deininger, O. (2006), S. 3, Stand 27.05.2007.

Business.[122] Die Funktionen von Business One teilt SAP auf folgende Bereiche auf: Buchhaltung und Finanzen, Kundenbeziehungsmanagement (CRM), Herstellung und Vertrieb, Administration und Berichtswesen sowie E-Commerce.[123]

Unter etwas unterschiedlichen Begrifflichkeiten und Gliederungen befindet sich vergleichbar großer Funktionsumfang, der in diesem Abschnitt detailliert untersucht wird. Dazu wird auf die quantitativen Aspekte der Analyse von Computerwoche und Research One aus dem vorigen Abschnitt eingegangen.

In diesem Vergleich werden zunächst die serienmäßig integrierten und ohne Zusatzmodule ausführbaren Funktionen der Anwendungen festgelegt. Daraus wurden in der nachfolgenden Abbildung dargestellte Funktionsfaktoren errechnet.

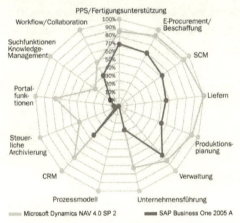

Quelle: In Anlehnung an Research One (2006), Vergleichskurve für Sage Office Line herausgenommen zitiert nach: Deininger, O. (2006), S. 1, Stand 27.05.2007

Abbildung 6: Funktionsumfang

Die Fertigungsunterstützung ist ein neues Feature in der SAP-Business-One-Version 2005. Microsoft Dynamics NAV verfügt über dieses Feature schon länger und kann zusätzlich mit verteilten Organisationsstrukturen umgehen. Auch in anderen betrachteten Funktionsbereichen wird die Microsoft-Lösung als etwas umfangreicher angesehen. So erlaubt sie die automatische Bewertung von Angeboten bei der Beschaffung und eine Artikelverfolgung im SCM-Bereich. Standardmäßig verfügt nur sie über Ladeflächenverwaltung und Fuhrparkmanagement im Bereich des Lieferns. Von den CRM-Funktionen werden

---

[122] Vgl. o. V., Microsoft GmbH (2007), o. S., Stand 25.05.2007.
[123] Vgl. o. V., SAP Deutschland AG & Co. KG (2007), o. S., Stand 26.05.2007.

Marketing, Verkauf, Service und Kundenpflege bei beiden Systemen unterstützt. Im Aufbau von Mitarbeiter- oder Kundenportalen bietet Microsoft umfangreichere Funktionen, während Wissens- und Workflowmanagement von beiden Systemen nur beschränkt unterstützt wird.[124]

8.3.2 Anpassungs- und Integrationsfähigkeit

Im weiteren Verlauf des ERP-System-Vergleichs wird in der Zeitschrift Computerwoche auf die eingesetzten und unterstützten Technologien, Plattformen, Datenbanken, Clients, Server, die Standards für Integration und Datenaustausch sowie die Prozess- und Workflow-Unterstützung eingegangen. Daraus wird ein Faktor für die Anpassungs- und Integrationsfähigkeit des Produktes berechnet. Die Ergebnisse dieser Analyse sind visuell in der nachfolgenden Abbildung veranschaulicht.

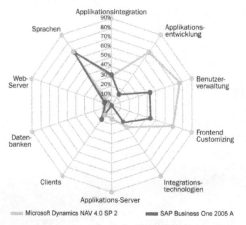

Quelle: In Anlehnung an Research One (2006), Vergleichskurve für Sage Office Line herausgenommen, zitiert nach: Deininger, O. (2006), S. 1, Stand 27.05.2007

Abbildung 7: Anpassungs- und Integrationsfähigkeit

Demnach wird das Produkt von Microsoft in den Bereichen wie Applikationsentwicklung, Benutzerverwaltung und Frontend Customizing als vorteilhafter eingestuft. Gleichwertig werden beide Produkte in den Bereichen Applikationsintegration und Integrationstechnologien bewertet. In den restlichen beobachteten Funktionen, wie Datenbanken und Web Server, schneiden die beiden Einsteigersysteme bescheiden ab.

---

[124] Vgl. Deininger, O. (2006), S. 3, Stand 27.05.2007.

In der weiteren Analyse werden detaillierter Betriebssysteme und Datenbanken betrachtet. Sowohl Microsoft Dynamics NAV als auch SAP Business One sind für die Betriebssysteme Windows 2000 bzw. Windows XP und den Microsoft Internet Information Server optimiert. Fürs Betriebssystem Linux sind keine Versionen in Europa verfügbar. Datenbanktechnisch unterstützen beide Produkte Microsoft SQL Server. SAP Business One unterstützt zusätzlich IBM DB2 und Sybase. Die Microsoft-Lösung verfügt über eine kleine eigene Datenbank.[125]

8.3.3 Erweiterbarkeit

Microsoft Dynamics NAV hat eine integrierte Entwicklungsumgebung namens C/SIDE. Sie besteht aus drei Subsystemen: dem 4GL-Entwicklungssystem, dem Datenbank-Management-System und dem Client-Server-Kommunikationssystem. Alle Standardmodule von Navision Software sind in der speziell für C/SIDE entwickelten Sprache C/AL programmiert. Sie ist eine Programmiersprache der vierten Generation mit einer strukturierten, objektorientierten Syntax.[126]

SAP Business One verfügt über eine API-Schnittstelle (Application Programming Interface), welche Teil des SDK (Software Develment Kit) ist. Das Basissystem ist mit der sogenannten ms.com-Technologie ausgestattet. Die verfügbaren ms.com-Objekte können mit Programmiersprachen wie Visual Basic, C, C++ und Java bearbeitet werden. Es stehen zwei verschiedene API-Schnittstellen zur Verfügung: eine für Daten und die andere für die Benutzungsoberfläche.[127]

Demnach lassen sich Basissysteme beider Produkte über entsprechende Zugänge individuell um branchenspezifische Funktionen erweitern sowie vorhandene Funktionen den speziellen Bedürfnissen anpassen.

8.4   Vergleichsergebnis

Beide ERP-Systeme unterscheiden sich nicht wesentlich, weder in ihrem Preis noch in ihren qualitativen Merkmalen. Jedoch liegen beim detaillierten Betrachten einige Vorteile bei der Lösung von Microsoft, die auch verbreiteter auf dem deutschen Markt ist.

---

[125] Vgl. Deininger, O. (2006), S. 3, Stand 27.05.2007.

[126] Vgl. o. V., advantX Solutions GmbH. (o. J.), o. S., Stand 03.06.2007.

[127] Vgl. o. V., AxxessPoint Business Solutions & Consulting GmbH, S. 4 ff., Stand 27.05.2007.

9   Zusammenfassung

Der Mittelstand stellt das Rückgrat der deutschen Volkswirtschaft dar. Eine Abgrenzung zu Großunternehmen ist anhand verschiedener quantitativer bzw. qualitativer Kriterien möglich, stellt sich aber als äußerst schwierig dar.

Aus den Eigenschaften und Rahmenbedingungen im Mittelstand, ergeben sich spezielle Anforderungen an ERP-Systeme in kleinen und mittelständischen Unternehmen. Der Mittelstand fordert neben kurzen Einführungszeiten eine finanziell kalkulierbare ERP-Lösung. Ebenso zählen Flexibilität, Erweiterbarkeit und ein beherrschbarer Betrieb zu den wichtigsten Anforderungen.

Die Betrachtung von Auswahlkriterien für ERP-Softwareanbieter zeigt, dass der Preis nicht alleine ausschlaggebend ist. Weitaus wichtiger ist den klein- und mittelständischen Betrieben die Investitions- und Zukunftssicherheit.

Bei der Implementierung von ERP-Systemen können Einführungsprojekte scheitern. In dieser Fallstudie werden Gründe, die für Misserfolge verantwortlich sein können, dargestellt.

Der Vergleich zweier ERP-Lösungen großer Softwarehersteller zeigt, dass sie durchaus interessante und auch für kleinere mittelständische Unternehmen bezahlbare Produkte anbieten. Beide Lösungen verfügen standardmäßig über die notwendigen Funktionen, mit denen Unternehmen aus dem angesprochenen Marktsegment eigene Prozesse optimieren bzw. gestalten können. Mit entsprechenden Zusatzmodulen ausgestattet, lassen sich beide Produkte weiter an die branchenspezifischen Bedürfnisse der Abnehmer anpassen und über vorhandene Schnittstellen individuell erweitern.

Der ERP-Software-Markt für KMU bleibt trotz neuer Produkte und Vertriebskonzepte für die großen Hersteller weiterhin schwierig. Es gibt viele kleine Mitstreiter, die sich aufgrund einer hohen Spezialisierung und der Kundennähe nicht einfach aus dem Markt verdrängen lassen werden.

Literaturverzeichnis

Buch- und Artikelquellen:

Hansen, N. R., Neumann, G. (2005): Wirtschaftsinformatik 1, 9. Aufl., Freiburg 2005

Jacob, O., Uhink, H.-J. (Hrsg.) (1998): SAP R/3 im Mittelstand, Braunschweig, Wiesbaden 1998

Kolbeck, C., Wimmer, R. (Hrsg.) (2002): Finanzierung für den Mittelstand, Wiesbaden 2002

Norris, G., Hurley, J.R., Hartley, K.M., Dunleavy, J.R., Balls, J.D. (2002): E-Business und ERP, Weinheim 2002

Pfohl, H.-C. (Hrsg.) (2006): Betriebswirtschaftslehre der Mittel- und Kleinbetriebe, 4. Aufl., Berlin 2006

Schauf, M. (Hrsg.) (2006): Unternehmensführung im Mittelstand, München und Mering 2006

Schicht, B. (2004): Enterprise Resource Planning für den Mittelstand, in: Informationweek 2004, Nr. 15/16, S. 24

Schröter, M. (2001): Mechanismen des Marktes für beratungsintensive ERP-Software, Aachen 2001

Schwetz, W. (2001): Customer Relationship Management, 2. Aufl., Wiesbaden 2001

Siegenthaler, M., Schmid, C. (2005): ERP für KMU - Praxisleitfaden: Richtig evaluieren & einführen, Rheinfelden 2005

Steinbuch, P. A. (Hrsg.) (1998): Prozessorganisation - Business Reengineering - Beispiel R/3, Ludwigshafen (Rhein): Kiel 1997

Uhrig, M. et al. (1999): ERP-Systeme für die Prozeßindustrie, Höhenkirchen 1999

Internetquellen

Bayer, M. (2005): Wer siegt im Kampf um die Branchen?,
http://www.computerwoche.de/knowledge_center/enterprise_resource_planni
ng/567599/index.html, Stand 30.05.2007

Bayer, M. (2007): SAP macht Ernst im Mittelstand,
http://www.computerwoche.de/heftarchiv/2007/12/1218354/index.html, Stand
30.05.2007

Deininger, O. (2006): Drei ERP-Systeme auf dem PrüfStand,
http://www.bbo.de/downloads/CW_Test.pdf, Stand 27.05.2007

Fuchs, C. (o. J.): Begriffserklärung ERP, http://www.ec-net.de/EC-
Net/Redaktion/Pdf/Anwendungssoftware/begleitprojekt-erp-erklaerung-erp-
l,property=pdf,bereich=ec__net,sprache=de,rwb=true.pdf, Stand 04.06.2007

Icks, A. (2006): Der Mittelstand in Deutschland, http://www.ifm-
bonn.de/presse/icks-inqa-120606.pdf, Stand 08.06.2007

Kissling, R. (2006): ASP kommt wieder in Mode,
http://www.computerwelt.at/detailArticle.asp?a=107175&n=2, Stand
01.06.2007

Kubsch, A. (2006): Analyse des deutschen Softwaremarkts: Übernahmen,
Marktanteile und Wachstumsaussichten,
http://www.vdeb.de/download/2006/9._VDEB-Infotag_2006,_
Vortrag_TechConsult_Kubsch_Softwaremarkt.pdf, Stand 31.05.2007

Kubsch, A. (2006): ERP-Markt auf Konsolidierungskurs - Gefahr für kleinere
Anbieter?, http://www.bossticker.de/bitverlag/bit/bit-artikel/bit.asp?nr=20493,
Stand 03.06.2007

Kubsch, A. (2006): Mittelständische ERP-Anbieter geraten unter Druck,
http://www.techconsult.de/presse/market_briefings/2006_03/
erp.php?lang=de, Stand 01.06.2007

o. V., ABAS Software AG (2007): ERP-Studie des Konradin-Verlages 2007/2008,
http://www.abas.de/de/download/marktstudien/RZ_Konradin_Fol_d_07.pdf,
Stand 27.05.2007

o. V., advantX Solutions GmbH. (o. J.): Entwicklungssystem C/SIDE,
http://www.advantx.ch/navision_c_side.htm, Stand 03.06.2007

o. V., AxxessPoint Business Solutions & Consulting GmbH (o. J.): SAP Business
One: Effizienz für kleine und Mittelgrosse Unternehmen,
http://www.axxesspoint.com/cms/front_single/pdf/White_Paper_SBO_500613
00.pdf, Stand 27.05.2007

o. V., ECS Deutschland (o. J.): Mehrwert für den Mittelstand durch IT-Outsourcing,
http://www.ecs-group.com/pdf/regard_dexpert/regard_expert_ecs18_de.pdf,
Stand 02.06.2007

o. V., Encyclopædia Britannica (o. J.): Market, http://www.britannica.com/eb/article-
9109822/market, Stand 18.05.2007

o. V., Handelskammer Bremen (o. J.): Definition "Mittelstand",
http://www.handelskammer-
bremen.ihk24.de/produktmarken/standortpolitik/mittelstand/Mittelstand_-
_Definitionen.jsp, Stand 03.06.2007

o. V., HDI-Service AG (o. J.): Mittelständler leiden unter säumigen Schuldnern, http://www.hdi.de/geschaeftskunden/hdi_berater/infoletter/05_2005/00683/ind ex.php, Stand 04.06.2007

o. V., Heise Zeitschriften Verlag (2002): Microsoft bringt Navision-Übernahme unter Dach und Fach, http://www.heise.de/newsticker/meldung/28987, Stand 27.05.2007

o. V., Huber Verlag für Neue Medien GmbH (2006): Microsoft eröffnet Jagd auf den Mittelstand, http://www.aktiv-verzeichnis.de/news/100757.html, Stand 01.06.2007

o. V., IDG Business Media GmbH (2001): Der Mittelstand braucht spezielle Lösungen, http://www.computerwoche.de/heftarchiv/2001/38/1070814/, Stand 14.06.2007

o. V., IDG Business Media GmbH (2006): ERP-Anbieter buhlen um den Mittelstand, http://www.channelpartner.de/index.cfm?pid=400&pk=202144, Stand 30.05.2007

o. V., IDG Business Media GmbH (2006): IDC: Mittelstand treibt deutschen ERP-Markt an, http://www.computerwoche.de/knowledge_center/enterprise_resource_planning/572924/?NLC-Newsletter&nlid=572924%20Nachrichten, Stand 20.05.2007

o. V., IFM-Bonn (2007): Mittelstand - Definition und Schlüsselzahlen, http://www.ifm-bonn.org/index.htm?/dienste/definition.htm, Stand 04.06.2007

o. V., Market Research & Services GmbH (o. J.): Mittelstandsinitiativen in Deutschland, http://www.imittelstand.de/files/pi_ergebnisse_mrs.pdf, Stand 08.06.2007

o. V., Meta Group (2005): Anforderungen an ERP Lösungen im Mittelstand, http://www.softm.com/softm/servlet/pages/de/7378/, Stand 29.04.2007

o. V., Microsoft GmbH (2007): Fast Facts über Microsoft, http://www.microsoft.com/germany/unternehmen/fastfacts.mspx, Stand 25.05.2007

o. V., Microsoft GmbH (2007): Lösungen für mittelständische Unternehmen, http://www.microsoft.com/germany/mittelstand/produkte/dynamics/default.ms px, Stand 25.05.2007

o. V., Microsoft GmbH (2007): Microsoft Dynamics NAV 4.0 (ehemals Microsoft Business Solutions-Navision), http://www.microsoft.com/germany/dynamics/ nav/default.mspx, Stand 25.05.2007

o. V., Reimus.net: (o. J.): Begriff / Definition von ERP, http://www.fibumarkt.de/Uebersicht/Fachinfo/ERP-Software.html, Stand 03.06.2007

o. V., Sage Software GmbH & Co. KG (2004): ERP im Mittelstand - oft nicht vorhanden, http://www.sage.de/public2/ news.asp?NewsID=63&NavID=671, Stand 28.05.2007

o. V., SAP Deutschland AG & Co. KG (2007): Daten & Fakten, http://www.sap.com/germany/company/index.epx, Stand 26.05.2007

o. V., SAP Deutschland AG & Co. KG (2007): Merkmale und Funktionen., http://www.sap.com/germany/smallbusiness /solutions/overview/features.epx, Stand 01.06.2007

o. V., SAP Deutschland AG & Co. KG (2007): SAP Business One 2005, http://www.sap.com/germany/mittelstand/businessone/index.epx, Stand 26.05.2007

o. V., SAP Deutschland AG & Co. KG (2007): Wie für mich gemacht., http://www.sap.com/germany/campaigns/mittelstand/index.htm, Stand 26.05.2007

o. V., Stadt Paderborn (o. J.): KMU-Definition, http://www.paderborn.de/wirtschaft/download/KMU-Definition-ab_2005.pdf, Stand 07.06.2007

o. V., The Boston Consulting Group (o. J.): Die Zukunft bilden, http://www.business-at-school.de/dyn/bin/15078-15084-1-studie_die_zukunft_bilden.pdf, Stand 14.06.2007

o. V., Wiley-VCH Verlag GmbH & Co. KGaA (o. J.): Die Probleme der Finanzierung sind vor allem im Mittelstand bekannt, http://www.wiley-vch.de/templates/pdf/352750219X_c01.pdf, Stand 07.06.2007

o. V., Zentrum für Europäische Wirtschaftsforschung GmbH (ZEW) (2007): Mittelstandsmonitor 2007, http://www.mittelstandsmonitor.de/download/mimo/archiv/MittelstandsMonitor_2007/MittelstandsMonitor_2007pdf, Stand 11.06.2007

Radatz K., (2003): SAP Deutschland AG & Co. KG, Im Mittelstand fest etabliert - Die SAP führt den Markt an, http://www.steeb.de/infocenter/loesung/01_2003/loesung_01_2003_13.pdf, Stand 07.06.2007

Ramsauer H., Waldow J.-P. (2004): ERP-Systeme im deutschen Mittelstand, http://www.erpmanager.de/magazin/artikel_569-print_erp-systeme_im_mittelstand_stand_aktuelle.html, Stand 11.06.2007

Sontow, K. (o. J.): Klein aber fein - Der ERP-Markt im Mittelstand, http://www.trovarit.com/public/downloads/software_markt_mittelstand.pdf, Stand 18.05.2007

Stoy, G. (2005): Pro und contra Open-Source-ERP, http://www.computerwoche.de/knowledge_center/enterprise_resource_planning/554984/, Stand 01.06.2007

Ulrich A. (2007): Sieben große Barrieren in ERP-Projekten, http://www.computerwoche.de/heftarchiv/2007/22/1219225/index.html, Stand 13.06.2007

Velten C. (2002): Ein Markt in Entstehung, http://www.hanse-escrow.de/de/allgemein/Info/Presse, Stand 11.06.2007

Wockenfuß M., Herzog P., Glas C. (o. J.): Next Generation ERP für den Handel, Umsetzung innovativer Business Konzepte auf aktueller Technologie Basis, http://www.greenax.com/files/Greenax_White-Paper_PAC.pdf, Stand 07.06.2007

Kapitel 1: Einleitung

Kapitel 2: Enterprise Resource Planning (ERP) Systeme

Kapitel 3: Mittelstand

geschrieben von **Rainer Schmidl**

Kapitel 4: Anforderungen an ERP-Systeme im Mittelstand

Kapitel 5: Auswahlkriterien für ERP-Softwareanbieter

Kapitel 6: Barrieren bei der Implementierung von ERP-Systemen

geschrieben von **Christian Becker**

Kapitel 7: ERP-Markt für KMU

Kapitel 8: ERP-Softwarevergleich

geschrieben von **Vlado Popovic**

Kapitel 9: Zusammenfassung wurde von allen drei Autoren gemeinsam geschrieben.